Unia Genosis

ROSEN-KRIEG - Sechster Band

Unia Genosis

ROSEN-KRIEG - Sechster Band

"war of the roses" / "guerre des roses"

Goldene Rakete Verlag für Belletristik

Imprint
Any brand names and product names mentioned in this book are subject to trademark, brand or patent protection and are trademarks or registered trademarks of their respective holders. The use of brand names, product names, common names, trade names, product descriptions etc. even without a particular marking in this work is in no way to be construed to mean that such names may be regarded as unrestricted in respect of trademark and brand protection legislation and could thus be used by anyone.

Cover image: www.ingimage.com

Publisher:
Goldene Rakete Verlag für Belletristik
is a trademark of
International Book Market Service Ltd., member of OmniScriptum Publishing Group
17 Meldrum Street, Beau Bassin 71504, Mauritius

Printed at: see last page
ISBN: 978-620-2-44421-7

Inhaltsverzeichnis:

I. Zwangsvollstreckung (2015/2016):

1. Schreiben Kanzlei „Schleiereule“ an das Amtsgericht:[1]

G. / A.

ZWANGSVOLLSTRECKUNGSAUFTRAG

In der vorstehend bezeichneten Zwangsvollstreckungssache werden anliegend die Zwangsvollstreckungsunterlagen überreicht mit dem Auftrag, wegen der nachstehend berechneten Gesamtforderung zuzüglich weiterer Zinsen und Kosten, die Zwangsvollstreckung durchzuführen. Erforderlichenfalls sollen die beiden Titel zugestellt werden.

Der Gerichtsvollzieher wird beauftragt,

- eine Vermögensauskunft gemäß § 802a Absatz 2 Nr. 2 i.V.m. § 802c ZPO einzuholen und den Schuldner die Richtigkeit und Vollständigkeit gemäß § 802c Absatz 3 ZPO an Eides statt versichern zu lassen. Der Antrag wird auch für den Fall gestellt, dass gegen den Schuldner bereits Haft zur Erzwingung der Abgabe der Vermögensauskunft angeordnet ist;

[1] 18.05.2015

- dem Schuldner die Vermögensauskunft gemäß § 807 Absatz 1 Satz 1 ZPO sofort abzunehmen, wenn der Schuldner die Durchsuchung verweigert oder der Pfändungsversuch ergibt, dass eine Pfändung voraussichtlich nicht zu einer vollständigen Befriedigung des Gläubigers führen wird. Der Antrag wird auch für den Fall gestellt, dass gegen den Schuldner bereits Haft zur Erzwingung der Abgabe angeordnet ist;

- die Pfändung und Verwertung körperlicher Sachen gemäß § 802a Absatz 2 Nr. 4 i.V.m. § 808 ZPO zu betreiben und eingezogene Beträge hierher zu überweisen. Insbesondere wird beantragt Taschenpfändung durchzuführen und ein im Besitz des Schuldners stehendes Kfz zu pfänden.

- Bei Arbeitgeberermittlung oder Feststellung sonstiger pfändbarer Forderungen eine Vorpfändung gemäß § 802a Absatz 2 Nr. 5 ZPO i.V.m. § 845 ZPO durchzuführen und den Gläubiger unverzüglich hierüber zu benachrichtigen.

Bei Vorliegen einer vorrangig wirksamen Pfändung in einen Vermögensgegenstand wird beantragt, die Pfändung des im Gewahrsam des Schuldners befindlichen Vermögensgegenstandes im Wege der Anschlusspfändung gemäß § 826 ZPO zu bewirken.

Soweit der Schuldner die eidesstattliche Versicherung in den letzten 3 Jahren nach § 807 ZPO a. F. oder § 284 AO a. F. bzw. in den letzten 2 Jahren nach § 802c ZPO oder § 284 AO abgegeben hat, wird um Übersendung von Abschriften des Terminsprotokolls und des Vermögensverzeichnisses bzw. der Vermögensauskunft jener Versicherung gebeten.

Für den Fall, dass der Schuldner dem Termin zur Abgabe der Vermögensauskunft unentschuldigt fernbleibt oder die Abgabe der Vermögensauskunft gemäß § 802 c ZPO ohne Grund verweigert, wird gemäß § 802g ZPO beantragt, die Sache an das zuständige Vollstreckungsgericht zu übermitteln und dort zur Erzwingung der Abgabe einen Haftbefehl gegen den Schuldner zu erlassen. Sollte ein Haftbefehl erlassen werden, wird der Gerichtsvollzieher bereits jetzt beauftragt, sodann den Haftbefehl gemäß § 802g Absatz 2 ZPO zu vollziehen.

Der Gerichtsvollzieher wird beauftragt, durch Nachfrage bei der Meldebehörde die gegenwärtigen Abschriften sowie Abgaben zur Haupt- und Nebenwohnung des Schuldners gemäß § 755 Absatz 1 ZPO zu ermitteln, sofern der Wohnsitz oder der gewöhnliche Aufenthaltsort des Schuldners nicht bekannt ist.

Der Einziehung der Gerichtsvollzieherkosten im Lastschriftverfahren wird nicht zugestimmt.

Sollte der angegangene Gerichtsvollzieher im Gerichtsbezirk des Vollstreckungsgerichts örtlich nicht zuständig sein, wird dieser gemäß § 802e Absatz 2 ZPO beauftragt, die Sache an den zuständigen Gerichtsvollzieher weiterzuleiten und den Gläubigervertreter hierüber zu informieren.

Rechtsanwältin

2. Schreiben des Gerichtsvollziehers an die Kanzlei „Schleiereule“:[2]

Zwangsvollstreckungssache
die ältere Tochter der Frau G., Frau G.
die jüngere Tochter der Frau G., Frau G.
Vertreten durch: die Rechtsanwälte der Kanzlei „Schleiereule“
Vollstreckungsgrundlage: Urkunden der Kreisverwaltung vom 24.05.2011, Az. Urkd.-Reg.-Nr.: 2011
gegen
Herrn A.

Sehr geehrte Damen und Herren Rechtsanwälte,

in oben genannter Sache hat der Schuldner einen Teilbetrag und die hier entstandenen Kosten beglichen.

Bitte immer die Az. überprüfen!!!

[2] 22.08.2015

Am 20.07.2015 ist ein Betrag von 144,65 € zur Hebung gelangt. Die Auszahlung habe ich angeordnet.
Am 21.08.2015 ist ein Betrag von 183,40 € zur Hebung gelangt. Die Auszahlung habe ich angeordnet.
(Die Summe der unter Az.: 2015 erfolgten Zahlungen beträgt = 328,05 €)

Überweisung erfolgt auf das von Ihnen angegebene Konto.

Empfänger: Rechtsanwälte der Kanzlei „Schleiereule"

Der Schuldner wird in monatlichen Raten die Forderung an den Gerichtsvollzieher abzahlen!

Mit freundlichen Grüßen

Gerichtsvollzieher
beim Amtsgericht

3. Schreiben des Gerichtsvollziehers an die Kanzlei „Schleiereule“:[3]

Zwangsvollstreckungssache

die ältere Tochter der Frau G., Frau G.

die jüngere Tochter der Frau G., Frau G.

Vertreten durch: die Rechtsanwälte der Kanzlei „Schleiereule“

Vollstreckungsgrundlage: Urkunden der Kreisverwaltung vom 24.05.2011, Az. Urkd.-Reg.-Nr.: 2011

gegen

Herrn A.

Sehr geehrte Damen und Herren Rechtsanwälte,

in oben genannter Sache hat der Schuldner einen Teilbetrag und die hier entstandenen Kosten beglichen.

Bitte immer die Az. überprüfen!!!

[3] 27.09.2015

Am 20.07.2015 ist ein Betrag von 144,65 € zur Hebung gelangt. Die Auszahlung habe ich angeordnet.
Am 21.08.2015 ist ein Betrag von 183,40 € zur Hebung gelangt. Die Auszahlung habe ich angeordnet.
Am 23.09.2015 ist ein Betrag von 196,00 € zur Hebung gelangt. Die Auszahlung habe ich angeordnet.

(Die Summe der unter Az.: 2015 erfolgten Zahlungen beträgt = 524,05 €)

Überweisung erfolgt auf das von Ihnen angegebene Konto.

Empfänger: Rechtsanwälte der Kanzlei „Schleiereule"

Der Schuldner wird in monatlichen Raten die Forderung an den Gerichtsvollzieher abzahlen!

Mit freundlichen Grüßen

Gerichtsvollzieher
beim Amtsgericht

4. Schreiben des Gerichtsvollziehers an die Kanzlei „Schleiereule“:[4]

Zwangsvollstreckungssache

die ältere Tochter der Frau G., Frau G.

die jüngere Tochter der Frau G., Frau G.

Vertreten durch: die Rechtsanwälte der Kanzlei „Schleiereule“

Vollstreckungsgrundlage: Urkunden der Kreisverwaltung vom 24.05.2011, Az. Urkd.-Reg.-Nr.: 2011

gegen

Herrn A.

Sehr geehrte Damen und Herren Rechtsanwälte,

in oben genannter Sache hat der Schuldner einen Teilbetrag und die hier entstandenen Kosten beglichen.

Bitte immer die Az. überprüfen!!!

---

[4] 31.10.2015

Am 20.07.2015 ist ein Betrag von 144,65 € zur Hebung gelangt. Die Auszahlung habe ich angeordnet.
Am 21.08.2015 ist ein Betrag von 183,40 € zur Hebung gelangt. Die Auszahlung habe ich angeordnet.
Am 23.09.2015 ist ein Betrag von 196,00 € zur Hebung gelangt. Die Auszahlung habe ich angeordnet.
Am 22.10.2015 ist ein Betrag von 196,00 € zur Hebung gelangt. Die Auszahlung habe ich angeordnet.

(Die Summe der unter Az.: 2015 erfolgten Zahlungen beträgt = 720,05 €)

Überweisung erfolgt auf das von Ihnen angegebene Konto.

Empfänger: Rechtsanwälte der Kanzlei „Schleiereule"

<u>Der Schuldner wird in monatlichen Raten die Forderung an den Gerichtsvollzieher abzahlen!</u>

Mit freundlichen Grüßen

Gerichtsvollzieher
beim Amtsgericht

5. Schreiben des Gerichtsvollziehers an die Kanzlei „Schleiereule“:[5]

Zwangsvollstreckungssache
die ältere Tochter der Frau G., Frau G.
die jüngere Tochter der Frau G., Frau G.
Vertreten durch: die Rechtsanwälte der Kanzlei „Schleiereule“
Vollstreckungsgrundlage: Urkunden der Kreisverwaltung vom 24.05.2011, Az. Urkd.-Reg.-Nr.: 2011
gegen
Herrn A.

Sehr geehrte Damen und Herren Rechtsanwälte,

in oben genannter Sache hat der Schuldner einen Teilbetrag und die hier entstandenen Kosten beglichen.

Bitte immer die Az. überprüfen!!!

Am 20.07.2015 ist ein Betrag von 144,65 € zur Hebung gelangt. Die Auszahlung habe ich angeordnet.

[5] 14.01.2016

Am 21.08.2015 ist ein Betrag von 183,40 € zur Hebung gelangt. Die Auszahlung habe ich angeordnet.
Am 23.09.2015 ist ein Betrag von 196,00 € zur Hebung gelangt. Die Auszahlung habe ich angeordnet.
Am 22.10.2015 ist ein Betrag von 196,00 € zur Hebung gelangt. Die Auszahlung habe ich angeordnet.

(Die Summe der unter Az.: 2015 erfolgten Zahlungen beträgt = 720,05 €)

Überweisung erfolgt auf das von Ihnen angegebene Konto.

Empfänger: Rechtsanwälte der Kanzlei „Schleiereule"

Der Schuldner wird in monatlichen Raten die Forderung an den Gerichtsvollzieher abzahlen!

Mit freundlichen Grüßen

Gerichtsvollzieher
beim Amtsgericht

6. Schreiben Kanzlei „Schleiereule“ an den Gerichtsvollzieher:[6]

Sehr geehrter Herr Gerichtsvollzieher,

in obiger Zwangsvollstreckungssache hat der Schuldner den Kindesunterhalt für den laufenden Monat Januar 2016 für die beiden Kinder nach der ab 01.01.2016 geltenden neuen Düsseldorfer Tabelle bis heute nicht bezahlt.

Unsere Mandantschaft kann sich daher mit den bisherigen Ratenzahlungen von monatlich 196 EUR für den rückständigen Kindesunterhalt nicht mehr weiter einverstanden erklären.

Wir bitten somit um Zwangsvollstreckung wegen der Gesamtforderung und bei Fruchtlosigkeit um Abnahme der Eidesstattlichen Versicherung.

Mit freundlichem Gruß

Rechtsanwältin

[6] 14.01.2016

7. <u>Schreiben Kanzlei „Schleiereule" an den Gerichtsvollzieher:</u>[7]

Sehr geehrter Herr Gerichtsvollzieher,

bezugnehmend auf unser heute Morgen an Sie übersandtes Telefax in obiger Sache möchten wir noch ergänzend mitteilen, dass unsere Mandantin eine alleinerziehende Mutter mit inzwischen 4 Kindern ist, die auf die regelmäßigen Unterhaltszahlungen dringend angewiesen ist.

Mit freundlichem Gruß

Rechtsanwältin

[7] 15.01.2016

8. Schreiben des Gerichtsvollziehers an die Kanzlei „Schleiereule“:[8]

Zwangsvollstreckungssache

die ältere Tochter der Frau G., Frau G.

die jüngere Tochter der Frau G., Frau G.

Vertreten durch: die Rechtsanwälte der Kanzlei „Schleiereule“

Vollstreckungsgrundlage: Urkunden der Kreisverwaltung vom 24.05.2011, Az. Urkd.-Reg.-Nr.: 2011

gegen

Herrn A.

Sehr geehrte Damen und Herren Rechtsanwälte,

gem. Ihrem Antrag habe ich einen Termin zur Abgabe der Vermögensauskunft auf

Montag, 15. Februar 2016, um 11:40 Uhr,

Amtsgericht

bestimmt.

[8] 20.01.2016

Dem Schuldner wurde gemäß § 802 f Abs. 1 ZPO zur Begleichung der Forderung eine Frist von zwei Wochen gesetzt.

Zugleich wurde für den Fall, dass die Forderung nach Fristablauf nicht vollständig beglichen ist, obiger Termin zur Abgabe der Vermögensauskunft bestimmt.

Zusatz:

Welche Ratenhöhe würde denn akzeptiert werden!?

Mit freundlichen Grüßen

Gerichtsvollzieher
beim Amtsgericht

9. Schreiben des Gerichtsvollziehers an die Kanzlei „Schleiereule“:[9]

Zwangsvollstreckungssache

die ältere Tochter der Frau G., Frau G.

die jüngere Tochter der Frau G., Frau G.

Vertreten durch: die Rechtsanwälte der Kanzlei „Schleiereule“

Vollstreckungsgrundlage: Urkunden der Kreisverwaltung vom 24.05.2011, Az. Urkd.-Reg.-Nr.: 2011

gegen

Herrn A.

Sehr geehrte Damen und Herren Rechtsanwälte,

in oben genannter Sache hat der Schuldner einen Teilbetrag und die hier entstandenen Kosten beglichen.

Bitte immer die Az. überprüfen!!!

[9] 27.01.2016

Am 20.07.2015 ist ein Betrag von 144,65 € zur Hebung gelangt. Die Auszahlung habe ich angeordnet.
Am 21.08.2015 ist ein Betrag von 183,40 € zur Hebung gelangt. Die Auszahlung habe ich angeordnet.
Am 23.09.2015 ist ein Betrag von 196,00 € zur Hebung gelangt. Die Auszahlung habe ich angeordnet.
Am 22.10.2015 ist ein Betrag von 196,00 € zur Hebung gelangt. Die Auszahlung habe ich angeordnet.
Am 23.11.2015 ist ein Betrag von 196,00 € zur Hebung gelangt. Die Auszahlung habe ich angeordnet.
Am 23.12.2015 ist ein Betrag von 196,00 € zur Hebung gelangt. Die Auszahlung habe ich angeordnet.
Am 20.01.2016 ist ein Betrag von 189,55 € zur Hebung gelangt. Die Auszahlung habe ich angeordnet.

(Die Summe der unter Az.: 2015 erfolgten Zahlungen beträgt = 1.301,60 €)

Überweisung erfolgt auf das von Ihnen angegebene Konto.

Empfänger: Rechtsanwälte der Kanzlei „Schleiereule“

Mit freundlichen Grüßen

Gerichtsvollzieher
beim Amtsgericht

10. Schreiben Kanzlei „ehr&wehr“:[10]

Antrag auf einstweilige Einstellung der Zwangsvollstreckung

des Herrn A.

Antragsteller,

Verfahrensbevollmächtigte: Kanzlei „ehr&wehr“

gegen

1. Die ältere Tochter, vertreten durch ihre Mutter,

2. Die jüngere Tochter, vertreten durch ihre Mutter,

Antragsgegner.

[10] 29.01.2016

Namens und im Auftrage des Antragstellers beantragen wir,

1. die Zwangsvollstreckung aus der zugunsten der Antragsgegnerin zu 1) bestehenden Urkunde über die Verpflichtung zum Unterhalt, Register-Nr. 2011, der Kreisverwaltung vom 24.05.2011 mit Wirkung vom Monat Januar 2016 einstweilen einzustellen,

2. die Zwangsvollstreckung aus der Urkunde über die Verpflichtung zum Unterhalt für die Antragsgegnerin zu 2) der Kreisverwaltung vom 24.05.2011, Register-Nr. 2011, mit Wirkung ab Januar 2016 einstweilen einzustellen.

Es wird beantragt,

die Zwangsvollstreckung gemäß vorstehenden Anträgen ohne Sicherheitsleistungen einzustellen – hilfsweise gegen Sicherheitsleistung.

Der Antragsteller ist derzeit nicht zu Unterhaltszahlungen in der Lage aufgrund seines sehr eingeschränkten Einkommens. Wir verweisen hierzu auf die als **Anlage** beigefügte Antragsschrift zur Abänderung der beiden Unterhaltstitel und die eidesstattliche Erklärung des Antragstellers vom 27.01.2016.

Rechtsanwalt

11. <u>Schreiben des Amtsgerichts an Frau G.:</u> [11]

In Sachen A. / G.
wg. Unterhalt Kind

Sehr geehrte Frau G.,

anbei wird Ihnen das Gesuch um Verfahrenskostenhilfe zusammen mit der Antragsschrift sowie der Antrag auf einstweilige Einstellung der Zwangsvollstreckung übersandt.

Sie können zu diesem Gesuch um Verfahrenskostenhilfe innerhalb von

2 Wochen

und dem Antrag auf einstweilige Einstellung der Zwangsvollstreckung innerhalb von

1 Woche

Stellung nehmen.

Mit freundlichen Grüßen
Auf Anordnung

Justizobersekretärin
Dieses Schreiben wurde elektronisch erstellet und ist ohne Unterschrift gültig.

[11] 04.02.2016

12. Schreiben der Kindesmutter an das Amtsgericht: [12]

Sehr geehrte Frau Justizobersekretärin,

mit heutiger Post habe ich Ihr Schreiben vom 04.02.2016 erhalten.

Ihrem Wunsch entsprechend würde ich gerne zu den jeweiligen Gesuchen und Anträgen Stellung nehmen.

Da Ihrem Schreiben die genannten Anlagen 1 bis 4 leider nicht beigefügt waren, jedoch die Kenntnis des gesamten Vorganges erforderlich wäre, um Ihrer Anfrage qualifiziert entsprechen zu können, bitte ich Sie, mir zeitnah die Kopien der notwendigen Dokumente zukommen zu lassen.

Aufgrund der Kürze Ihrer genannten Frist bitte entweder per Mail oder per Fax.

Vielen Dank!

Mit freundlichen Grüßen

(Die Kindesmutter)

[12] 06.02.2016

13. Schreiben der Kindesmutter an das Amtsgericht: [13]

Sehr geehrte Frau Justizobersekretärin,

Ihr Schriftsatz vom 04.02.2016 wurde mir mit heutiger Post zugestellt.

Kurz möchte ich die Gelegenheit ergreifen, um Ihrer Bitte um Stellungnahme zum Antrag auf Einstellung der Zwangsvollstreckung zu entsprechen.

Vorauszuschicken ist, dass der Antragsteller stets bemüht war und ist, seine tatsächlichen Vermögensverhältnisse zu verschleiern. Eigens durch eine Dokumentation, mit welcher er hoffte, durch Vermögensausgleich, große Gewinne zu erzielen, ist erkennbar, dass es sich bei Herrn A. inzwischen um einen vermögenden Mann handelt. Erbschaften und Schenkungen belaufen sich auf über 160.000,00 Euro.

Da es dem Antragsteller bislang gelang, durch Vernebelung seines Vermögens und seiner finanziellen Verhältnisse, Unterhaltszahlungen für die beiden Kinder weitgehend zu vermeiden, was nun auch Intention seiner aktuellen Anträge ist, würde die Kenntnis seines tatsächlichen

[13] 06.02.2016

Vermögens, durch Abgabe der Vermögensauskunft am 15.02.2016, zu einer realistischen Beurteilung seiner Leistungsfähigkeit führen.

Weder Sprechblasen, noch Absichtserklärungen, haben in der Vergangenheit dazu geführt, seinen beiden Kindern die notwendigen Möglichkeiten zu eröffnen, die sie verdienen.

Ich bitte Sie daher, den Antrag auf einstweilige Einstellung der Zwangsvollstreckung abzulehnen, und den anberaumten Termin zur Abgabe seiner Vermögensauskunft, am 15.02.2017, stattfinden zu lassen.

Mit freundlichen Grüßen

(Die Kindesmutter)

14. Schreiben der Kanzlei „Wohlsein“ an das Amtsgericht:[14]

Antrag auf einstweilige Einstellung der Zwangsvollstreckung

des Herrn A.

- Antragsteller –

Prozessbev.: Kanzlei „ehr&wehr“

g e g e n

Die ältere Tochter, vertreten durch die Kindesmutter,

Die jüngere Tochter, vertreten durch die Kindesmutter,

- Antragsgegnerin –

Verfahrensbevollmächtigte: Kanzlei „Wohlsein“

Schriftsatzfrist: 15.02.2016

zeigen wir an, dass wir die Interessen der Antragsgegnerinnen, vertreten durch die Kindesmutter, vertreten.

Der Antrag auf einstweilige Einstellung der Zwangsvollstreckung ist zurückzuweisen, da der Antragsteller durchaus zu Unterhaltsleistungen

[14] 10.02.2016

in der Lage ist. Der Antragsteller, der durch Schriftsatz seiner Verfahrensbevollmächtigten im Umgangsverfahren (2015) schriftsätzlich am 24.04.2015 vorgetragen hat, dass er „inzwischen vollständig von den Folgen des Schlaganfalles genesen ist", ist auch nicht annähernd seinen Verpflichtungen nachgekommen, sich um eine Erwerbstätigkeit zu kümmern, die ihn in die Lage versetzt, Unterhalt für seine minderjährigen Kinder zu zahlen.

Zunächst einmal bezweifelt die Antragsgegnerin die Richtigkeit der erteilten Auskünfte, die **durch nichts belegt** sind. Welche Einkünfte der Antragsteller erzielt hat, ergibt sich allein aus dem inhaltlich nicht nachvollziehbaren und durch nichts belegten „Übersicht". Hier werden wir mit gleicher Post ein Auskunftsverfahren anhängig machen.

Selbst wenn man unterstellt, dass die dargestellten Erwerbseinkünfte die einzigen sind, über die der Antragsteller verfügt, genügt er damit seinen Unterhaltsverpflichtungen nicht. Der Antragsteller trägt vor, dass er sich im Wesentlichen im t. Bereich oder damit eng verwandten Bereich um eine Arbeitsstelle beworben hat. Damit wird er seiner Erwerbsverpflichtung gegenüber minderjährigen Kindern nicht gerecht.

Der Antragsteller ist durchaus arbeitsfähig und könnte jede Tätigkeit übernehmen, die ihn in die Lage versetzt, zumindest den Mindestunterhalt für seine Kinder zu gewährleisten. Dazu trägt er – bezeichnenderweise – auch nichts vor. Da der Antragsteller erwerbsfähig ist, wie er selbst durch seine Anwälte hat vortragen lassen, genügen die wenigen Hinweise auf die Versuche, eine Arbeitsstelle zu finden, den Anforderungen der Rechtsprechung zur Erzielung von

Einkünften, die den Mindestunterhalt minderjähriger Kinder sicherstellen, bei Weitem nicht.

Letztlich sei darauf hingewiesen, dass der Antragsteller über eigenes Vermögen verfügt, welches nicht dem Schonvermögen unterliegt.

Wir überreichen als

Anlage 1

eine von seinen Prozeßbevollmächtigten unter dem 17.02.2014 überreichte Vermögensübersicht, die der Berechnung des Zugewinnausgleiches dienen sollte. Das eigene Vermögen des Antragstellers hat er darin mit € 166.425,00 angegeben.

Angesichts dessen ist er, zur Sicherstellung des Kindes-Mindestunterhaltes, verpflichtet, dieses Vermögen auch anzugreifen und zur Verfügung zu stellen.

Daraus folgt, dass die einstweilige Einstellung der Zwangsvollstreckung ebenso ungerechtfertigt ist, wie das Verfahrenskostenhilfegesuch.

Näheres dazu werden wir vortragen, sobald wir Einsicht in die Verfahrensakte nehmen konnten.

Die Rechtsanwälte
durch

15. Beschluss des Amtsgerichts: [15]

In der Familiensache

Herr A.

- **Antragsteller –**

Verfahrensbevollmächtigte: Kanzlei „ehr&wehr“

g e g e n

Die ältere Tochter, vertreten durch die gesetzliche Vertreterin

Die jüngere Tochter, vertreten durch die gesetzliche Vertreterin

- **Antragsgegnerin –**

Verfahrensbevollmächtigte: Kanzlei „Wohlsein“

wegen Kindesunterhalt

hat das Amtsgericht – Familiengericht – durch die Richterin am Amtsgericht am 11.02.2016 beschlossen:

[15] 11.02.2016

Die Zwangsvollstreckung aus den Unterhaltsurkunden der Kreisverwaltung vom 24.05.2011, Geschäftszeichen: Register-Nr. 2011, wird ohne Sicherheitsleistung einstweilen eingestellt, soweit es sich um den monatlichen Unterhalt ab dem Monat Januar 2016 handelt.

Gründe:

Die Zwangsvollstreckung ist einstweilen einzustellen. Ein auf Herabsetzung des Unterhalts gerichteter Abänderungsantrag nach §§ 238 ff FamFG ist anhängig bzw. ein hierfür gerichteter Antrag auf Bewilligung von Verfahrenskostenhilfe ist eingereicht, § 242 Satz 1 FamFG, 769 ZPO. Die antragsbegründenden Tatsachen sind glaubhaft gemacht.

Rechtsbehelfsbelehrung:

Der Beschluss ist mit Rechtsmitteln nicht anfechtbar.

Richterin am Amtsgericht

16. <u>Schreiben der Kanzlei „Schleiereule“ an Frau G.:</u> [16]

G. ./. A.

Kündigung des Mandatsverhältnisses

Sehr geehrte Frau G.,

wir bestätigen Ihnen hiermit die von Ihnen mit E-Mail vom 09.02.2016 ausgesprochene Kündigung des Mandats.

Sobald uns der gestern in der Kindesunterhaltssache ergangene Beschluss zugegangen ist, werden wir Ihnen gegenüber abrechnen und Ihnen die aktualisierte Kostenübersicht über die von Ihnen bisher an uns geleisteten Zahlungen zukommen lassen.

Mit freundlichem Gruß

Rechtsanwältin

[16] 11.02.2016

17. Schreiben der Kanzlei „Schleiereule“ an Frau G.: [17]

G. ./. A.

Gerichtliches Verfahren wg. Abänderung Kindesunterhalt

Sehr geehrte Frau G.,

in obiger Sache übersenden wir Ihnen anbei die beglaubigte Abschrift des Beschlusses des AG vom 10.02.2015 sowie unsere in dieser Sache abschließende Kostennote mit der Bitte um Ausgleich bis zum 25.02.2016.

Ferner überreichen wir eine Kopie unseres heutigen Schreibens an das AG, in dem wir die Mandatsniederlegung angezeigt haben sowie die von Ihnen angeforderte Kostenübersicht.

Mit freundlichem Gruß

Rechtsanwältin

[17] 15.02.2016

18. Schreiben der Kanzlei „Schleiereule“ an das Amtsgericht: [18]

In Sachen

A. ./. G.

wg. Unterhalt Kind

zeigen wir an, nachdem uns der Unterhaltsbeschluss vom 10.02.2016 heute zugestellt worden ist, dass wir das Mandat für die Antragsgegnerinnen **mit sofortiger Wirkung niederlegen**.

Rechtsanwältin

[18] 15.02.2016

19. <u>Schreiben des Gerichtsvollziehers an die Kanzlei „Schleiereule":</u>[19]

Zwangsvollstreckungssache
die ältere Tochter der Frau G., Frau G.
die jüngere Tochter der Frau G., Frau G.
Vertreten durch: Frau G., als gesetzl- Vertreterin der o.g. Kinder
Az. Kindesunterhalt
<u>Vollstreckungsgrundlage:</u> Urkunden der Kreisverwaltung vom 24.05.2011, Az. Urkd.-Reg.-Nr.: 2011
gegen
Herrn A.

Sehr geehrte Damen und Herren Rechtsanwälte,

in oben genannter Sache hat der Schuldner einen Teilbetrag und die hier entstandenen Kosten beglichen.

<u>Bitte immer die Az. überprüfen!!!</u>

Am 20.07.2015 ist ein Betrag von 144,65 € zur Hebung gelangt. Die Auszahlung habe ich angeordnet.
Am 21.08.2015 ist ein Betrag von 183,40 € zur Hebung gelangt. Die Auszahlung habe ich angeordnet.

[19] 17.02.2016

Am 23.09.2015 ist ein Betrag von 196,00 € zur Hebung gelangt. Die Auszahlung habe ich angeordnet.
Am 22.10.2015 ist ein Betrag von 196,00 € zur Hebung gelangt. Die Auszahlung habe ich angeordnet.
Am 23.11.2015 ist ein Betrag von 196,00 € zur Hebung gelangt. Die Auszahlung habe ich angeordnet.
Am 23.12.2015 ist ein Betrag von 196,00 € zur Hebung gelangt. Die Auszahlung habe ich angeordnet.
Am 20.01.2016 ist ein Betrag von 189,55 € zur Hebung gelangt. Die Auszahlung habe ich angeordnet.
Am 15.02.2016 ist ein Betrag von 296,00 € zur Hebung gelangt. Die Auszahlung habe ich angeordnet.

(Die Summe der unter Az.: 2015 erfolgten Zahlungen beträgt = 1.597,60 €)

Überweisung erfolgt auf das von Ihnen angegebene Konto.
Empfänger: Frau G.

Der Schuldner wird in monatlichen Raten die Forderung an den Gerichtsvollzieher abzahlen!

Mit freundlichen Grüßen

Gerichtsvollzieher
beim Amtsgericht

20. <u>Schreiben der Frau G. an die Unterhaltsvorschusskasse:</u> [20]

Sehr geehrte Damen und Herren,

anbei der Gerichtsbeschluss des Amtsgerichtes vom 10.02.2016 (**Az. 2015)** in der Familiensache A. gegen 1. ältere Tochter und 2. jüngere Tochter wegen Kindesunterhalt zu Ihrer Kenntnisnahme.

In der Zwischenzeit hat der Kindesvater ein neues Verfahren gegen seine beiden Töchter angestrengt **(Az. 2016)**.

Hier beantragt er, „die zugunsten der Antragsgegnerin zu 1. bestehende Urkunde über die Verpflichtung zum Unterhalt Reg.-Nr. 2011 der Kreisverwaltung vom 24.05.2011 dahingehend abzuändern, **dass der Antragsteller in der Zeit von Januar 2016 an derzeit keinen monatlichen Unterhalt schuldet,**

die Urkunde über die Verpflichtung zum Unterhalt für die Antragsgegnerin 2. der Kreisverwaltung vom 24.05.2011 Reg.-Nr. 2011 dahingehend abzuändern, **dass der Antragsteller in der Zeit von Januar 2016 nicht zahlungspflichtig ist.**“

[20] 27.02.2016

Zu diesem Punkt hat das Amtsgericht am 11.02.2016 bereits folgenden Beschluss gefasst **(Az. 2016)**:

„Die Zwangsvollstreckung aus den Unterhaltsurkunden der Kreisverwaltung vom 24.05.2011, Geschäftszeichen: Register – Nr. 2011, wird ohne Sicherheitsleistung einstweilen eingestellt, soweit es sich um den monatlichen Unterhalt ab dem Monat Januar 2016 handelt.“

Mit freundlichen Grüßen

(Kindesmutter)

21. Schreiben der Unterhaltsvorschusskasse an Frau G.: [21]

Sehr geehrte Frau G.,

vielen Dank für Ihre ausführliche Email vom 27.02.2016 mitsamt dem beigefügten Beschluss.

Sollten Sie derzeit keine Zwangsvollstreckungsmaßnahmen über die Unterhaltsurkunde mit der Registernummer 2011 eingeleitet haben, bitten wir um Übersendung der vollstreckbaren Ausfertigung, damit diese auf das Land umgeschrieben werden kann.

Bitte halten Sie uns weiterhin auf dem Laufenden bezüglich des neuerlichen Antrages des Kindesvaters betreffend die Unterhaltszahlungen ab dem 01.01.2016.

Bei Fragen stehen wir Ihnen gerne zur Verfügung.

Mit freundlichen Grüßen
Im Auftrag

Kreisverwaltung

---

[21] 01.03.2016

22. Schreiben der Kanzlei „Schleiereule“ an Frau G.:[22]

G. / A.

wg. Unterhaltstitel – Jugendamtsurkunden

Sehr geehrte Frau G.,

wir nehmen Bezug auf Ihre E-Mail vom 13.04.2016 und übersenden Ihnen anbei die Kopie des Schreibens der Kreisverwaltung vom 24.05.2011 nebst zwei beglaubigten Abschriften der Urkunden über die Verpflichtung zum Unterhalt zu Ihrer weiteren Verwendung.

Die Original-Urkunden – die vollstreckbaren Ausfertigungen – befinden sich bei dem mit der Zwangsvollstreckung beauftragten Gerichtsvollzieher. Dies können Sie einerseits meiner handschriftlichen Notiz auf dem Schreiben der Kreisverwaltung entnehmen und ferner meinem damaligen Zwangsvollstreckungsauftrag vom 18.05.2015.

Mit freundlichem Gruß

Rechtsanwältin

[22] 14.04.2016

23. Schreiben des Gerichtsvollziehers an Frau G.:[23]

Zwangsvollstreckungssache

die ältere Tochter der Frau G., Frau G.

die jüngere Tochter der Frau G., Frau G.

Vertreten durch: Frau G., als gesetzl- Vertreterin der o.g. Kinder

Az. Kindesunterhalt

Vollstreckungsgrundlage: Urkunden der Kreisverwaltung vom 24.05.2011, Az. Urkd.-Reg.-Nr.: 2011

gegen

Herrn A.

Sehr geehrte Frau G.,

in oben genannter Sache hat der Schuldner einen Teilbetrag und die hier entstandenen Kosten beglichen.

Bitte immer die Az. überprüfen!!!

Am 20.07.2015 ist ein Betrag von 144,65 € zur Hebung gelangt. Die Auszahlung habe ich angeordnet.

Am 21.08.2015 ist ein Betrag von 183,40 € zur Hebung gelangt. Die Auszahlung habe ich angeordnet.

Am 23.09.2015 ist ein Betrag von 196,00 € zur Hebung gelangt. Die Auszahlung habe ich angeordnet.

Am 22.10.2015 ist ein Betrag von 196,00 € zur Hebung gelangt. Die Auszahlung habe ich angeordnet.

[23] 18.04.2016

Am 23.11.2015 ist ein Betrag von 196,00 € zur Hebung gelangt. Die Auszahlung habe ich angeordnet.
Am 23.12.2015 ist ein Betrag von 196,00 € zur Hebung gelangt. Die Auszahlung habe ich angeordnet.
Am 20.01.2016 ist ein Betrag von 189,55 € zur Hebung gelangt. Die Auszahlung habe ich angeordnet.
Am 15.02.2016 ist ein Betrag von 296,00 € zur Hebung gelangt. Die Auszahlung habe ich angeordnet.
Am 29.03.2016 ist ein Betrag von 296,00 € zur Hebung gelangt. Die Auszahlung habe ich angeordnet.

(Die Summe der unter Az.: 2015 erfolgten Zahlungen beträgt = 1.893,60 €)

Überweisung erfolgt auf das von Ihnen angegebene Konto.
Empfänger: Frau G.

Der Schuldner wird nun erneut zur Abgabe der Vermögensauskunft geladen, da Sie nicht weiter bereit sind, diese geringe Ratenzahlung zu akzeptieren.

Nach Abgabe der Vermögensauskunft werden hier keine weiteren Raten eingezogen!

Mit freundlichen Grüßen

Gerichtsvollzieher
beim Amtsgericht

24. Schreiben des Gerichtsvollziehers an Frau G.:[24]

Zwangsvollstreckungssache
die ältere Tochter der Frau G., Frau G.
die jüngere Tochter der Frau G., Frau G.
Vertreten durch: Frau G., als gesetzl- Vertreterin der o.g. Kinder
Az. Kindesunterhalt
Vollstreckungsgrundlage: Urkunden der Kreisverwaltung vom 24.05.2011, Az. Urkd.-Reg.-Nr.: 2011
gegen
Herrn A.

Sehr geehrte Frau G.,

gem. Ihrem Antrag habe ich einen Termin zur Abgabe der Vermögensauskunft auf

Montag, 16. Mai 2016, um 9:45 Uhr,
Amtsgericht

bestimmt.

[24] 18.04.2016

Dem Schuldner wurde gemäß § 802 f Abs. 1 ZPO zur Begleichung der Forderung eine Frist von zwei Wochen gesetzt.

Zugleich wurde für den Fall, dass die Forderung nach Fristablauf nicht vollständig beglichen ist, obiger Termin zur Abgabe der Vermögensauskunft bestimmt.

Es steht Ihnen frei, zu diesem Termin zu kommen. Falls Sie dem Termin fernbleiben, wird davon ausgegangen, dass Sie bei Abgabe der Vermögensauskunft nicht anwesend sein wollen.

Weitere Raten werden nach Abnahme der Vermögensauskunft nicht mehr eingezogen!

Der Vollstreckungstitel wurde dem Kreisjugendamt übersandt (Umschreibung!).

Mit freundlichen Grüßen

Gerichtsvollzieher
beim Amtsgericht

25. Schreiben des Gerichtsvollziehers an Frau G.:[25]

Zwangsvollstreckungssache

die ältere Tochter der Frau G., Frau G.

die jüngere Tochter der Frau G., Frau G.

Vertreten durch: Frau G., als gesetzl- Vertreterin der o.g. Kinder

Az. Kindesunterhalt

Vollstreckungsgrundlage: Urkunden der Kreisverwaltung vom 24.05.2011, Az. Urkd.-Reg.-Nr.: 2011

gegen

Herrn A.

Sehr geehrte Frau G.,

in oben genannter Sache hat der Schuldner die Forderung und die hier entstandenen Kosten beglichen.

Am 20.07.2015 ist ein Betrag von 144,65 € zur Hebung gelangt. Die Auszahlung habe ich angeordnet.

Am 21.08.2015 ist ein Betrag von 183,40 € zur Hebung gelangt. Die Auszahlung habe ich angeordnet.

Am 23.09.2015 ist ein Betrag von 196,00 € zur Hebung gelangt. Die Auszahlung habe ich angeordnet.

Am 22.10.2015 ist ein Betrag von 196,00 € zur Hebung gelangt. Die Auszahlung habe ich angeordnet.

Am 23.11.2015 ist ein Betrag von 196,00 € zur Hebung gelangt. Die Auszahlung habe ich angeordnet.

Am 23.12.2015 ist ein Betrag von 196,00 € zur Hebung gelangt. Die Auszahlung habe ich angeordnet.

[25] 21.04.2016

Am 20.01.2016 ist ein Betrag von 189,55 € zur Hebung gelangt. Die Auszahlung habe ich angeordnet.
Am 15.02.2016 ist ein Betrag von 296,00 € zur Hebung gelangt. Die Auszahlung habe ich angeordnet.
Am 29.03.2016 ist ein Betrag von 296,00 € zur Hebung gelangt. Die Auszahlung habe ich angeordnet.
Am 21.04.2016 ist ein Betrag von 3.553,62 € zur Hebung gelangt. Die Auszahlung habe ich angeordnet.
(Die Summe der unter Az.: 2015 erfolgten Zahlungen beträgt = 5.447,22 €)

Überweisung erfolgt auf das von Ihnen angegebene Konto. Bitte beachten Sie, dass der Schuldner bereits an mich mit befreiender Wirkung zahlt (§ 754 ZPO).

Urkunde der Kreisverwaltung vom 24.05.2011m Az. Urkd.-Reg.-Nr.: 2011 habe ich vor einigen Tagen an die Kreisverwaltung gesendet.

Die Vollstreckung aus dem eigentlichen Vollstreckungsauftrag ist nun hier beendet. Wenn weitere Forderungen geltend gemacht werden, müssen diese tituliert sein und mittels eines neuen Vollstreckungsauftrags vollstreckt werden.

Mit freundlichen Grüßen

Gerichtsvollzieher
beim Amtsgericht

26. Schreiben der Unterhaltsvorschusskasse an Frau G.:[26]

Sehr geehrte Frau G.,

anbei erhalten Sie wie besprochen die vollstreckbaren Ausfertigungen der Unterhaltstitel Ihrer beiden Kinder zur weiteren Verwendung zurück.

Die Titelumschreibung konnte heute kurzfristig vorgenommen werden. Wir benötigen den Titel daher nicht zurück.

Bei Fragen stehen wir Ihnen gerne zur Verfügung.

Mit freundlichen Grüßen
Im Auftrag

Kreisverwaltung

[26] 25.04.2016

27. <u>Schreiben der Kanzlei „Wohlsein“ an Frau G.:</u> [27]

G. ./. A.
hier: Zwangsvollstreckung

Sehr geehrte Frau G.,

in obiger Angelegenheit nehmen wir Bezug auf das heute geführe Telefonat.

Wir werden – wie besprochen – nach Vorlage des Vollstreckungstitels den Gerichtsvollzieher mit der Abnahme der Vermögensauskunft bezüglich des Unterhaltsrückstandes für die Monate Februar bis April 2014 beauftragen.

Den Rückstand hatten Sie in dem von Ihnen vorbereiteten Auftrag wie folgt beziffert:

ältere Tochter: 3 x € 334,00 = € 1.002,00
jüngere Tochter: 2 x € 92,00 = € 276,00.

Wir bitten Sie, die beigefügte Vollmacht unterzeichnet an uns zurückzusenden.

[27] 25.04.2016

Es besteht für Sie die Möglichkeit, einen Antrag auf Gewährung von Verfahrenskostenhilfe für die Zwangsvollstreckung zu stellen. Dies müsste vor Einleitung der Zwangsvollstreckung beantragt werden. Die Zwangsvollstreckung würde sich dadurch jedoch etwas verzögern. Vorsorglich fügen wir ein entsprechendes Formular bei. Sofern ein Antrag gestellt werden soll, benötigen wir das Formular im Original von Ihnen vollständig ausgefüllt und unterzeichnet zurück.

Die Kosten und Gebühren für das Verfahren zur Abgabe der Vermögensauskunft belaufen sich auf ca. € 120,00 und sind vom Schuldner zu erstatten (sofern er zahlungsfähig ist).

Für weitere Rückfragen stehen wir gern zur Verfügung.

Mit freundlichem Gruß

(Rechtsanwalt)

28. Schreiben der Kanzlei „Wohlsein“ an Frau G.:[28]

G. ./. A.
hier: Zwangsvollstreckung

Sehr geehrte Frau G.,

in obiger Angelegenheit haben wir die beiden vollstreckbaren Ausfertigungen der Jugendamtsurkunde heute erhalten.

Wie besprochen haben wir den Gerichtsvollzieher mit der Abnahme der Vermögensauskunft beauftragt. Wir haben den Gerichtsvollzieher angewiesen, keine Ratenzahlung zu akzeptieren.

Über das Ergebnis der Vollstreckungsmaßnahme werden wir Sie informieren.

Mit freundlichem Gruß

(Rechtsanwalt)

---

[28] 18.05.2016

29. Schreiben des Gerichtsvollziehers an Frau G.: [29]

Ihr Zeichen: Kindesunterhalt

Zwangsvollstreckungssache
die ältere Tochter der Frau G., Frau G.
die jüngere Tochter der Frau G., Frau G.
vertreten durch: Frau G., als gesetzl- Vertreterin der o.g. Kinder
Az. Kindesunterhalt
Vollstreckungsgrundlage: Jugendamtsurkunden der Kreisverwaltung vom 24.05.2011, Az. Urkd.-Reg.-Nr.: 2011

gegen
Herrn A.
vertreten durch: Kanzlei „ehr&wehr“

Sehr geehrte Frau G.,

in obiger Sache wird die Zwangsvollstreckung eingestellt.

Der Schuldnervertreter hat einen Einstellungsbeschluss bzgl. der Zwangsvollstreckung aus den Urkunden 2011 vorgelegt.

Der Beschluss wurde durch das Amtsgericht am 11.02.2016 erlassen.

[29] 24.05.2016

Zusatz:

Zukünftig können Zwangsvollstreckungsaufträge nur im Original und nicht als @Mail hier beantragt werden. Auch können hier nur Aufträge weiterbearbeitet werden, dem die Original Vollstreckungstitel beigefügt wurden.

Die nachstehenden Kosten überweisen Sie bitte binnen einer Woche auf mein obiges Dienstkonto.

Kostenrechnung gem. GVKostG (KV = Kostenverzeichnis)	
Nicht erl. Pfändung KV604,205	15,00 €
Auslagenpauschale KV716	3,00 €
Summe	**18,00 €**

Rechtsbehelfsbelehrung: Gegen diese Kostenrechnung kann Erinnerung bei dem Amtsgericht, schriftlich oder zu Protokoll der Geschäftsstelle eingelegt werden. Es ist zweckmäßig, die Erinnerung zu begründen.

Mit freundlichen Grüßen

Gerichtsvollzieher
beim Amtsgericht

30. Schreiben des Gerichtsvollziehers an die Kanzlei „Wohlsein“: [30]

Ihr Zeichen: Kindesunterhalt

Zwangsvollstreckungssache
die ältere Tochter der Frau G., Frau G.
die jüngere Tochter der Frau G., Frau G.
vertreten durch: Kanzlei „Wohlsein“
Az. Kindesunterhalt
Vollstreckungsgrundlage: Jugendamtsurkunden der Kreisverwaltung vom 24.05.2011, Az. Urkd.-Reg.-Nr.: 2011

gegen
Herrn A.
vertreten durch: Kanzlei „ehr&wehr“

Sehr geehrte Damen und Herren Rechtsanwälte,

gem. Ihrem Antrag habe ich einen Termin zur Abgabe der Vermögensauskunft auf

Montag, 4. Juli 2016, um 9:45 Uhr,
Amtsgericht

bestimmt.

[30] 13.06.2016

Dem Schuldner wurde gemäß § 802 f Abs. 1 ZPO zur Begleichung der Forderung eine Frist von zwei Wochen gesetzt.

Zugleich wurde für den Fall, dass die Forderung nach Fristablauf nicht vollständig beglichen ist, obiger Termin zur Abgabe der Vermögensauskunft bestimmt.

Es steht Ihnen frei, zu diesem Termin zu kommen. Falls Sie dem Termin fernbleiben, wird davon ausgegangen, dass Sie bei Abgabe der Vermögensauskunft nicht anwesend sein wollen.

Allgemeiner Hinweis: Ab dem 1.4.2016 sind gem. §5 der Verordnung über das Formular für den Vollstreckungsauftrag an den Gerichtsvollzieher (Gerichtsvollzieherformular-Verordnung – GVFV) Vollstreckungsaufträge nur noch mit dem neuen amtlichen Vordruck zulässig, siehe
http://www.bmjv.de/SharedDocs/Downloads/DE/Formulare/Vollstreckungsauftrag_an_Gerichtsvollzieher.html?nn=6433524.

Mit freundlichen Grüßen

Gerichtsvollzieher

31. Schreiben der Kanzlei „Wohlsein“ an Frau G.: [31]

G. ./. A.
hier: Zwangsvollstreckung

Sehr geehrte Frau G.,

in obiger Angelegenheit hat der zuständige Gerichtsvollzieher den Termin zur Abgabe der Vermögensauskunft auf den 04.07.2016 anberaumt. Eine Kopie der Mitteilung fügen wir zu Ihrer Information bei.

Über das Ergebnis des Termins werden wir Sie informieren.

Mit freundlichem Gruß

(Rechtsanwalt)

[31] 14.06.2016

32. Schreiben des Gerichtsvollziehers an die Kanzlei „Wohlsein“: [32]

Zwangsvollstreckungssache
die ältere Tochter der Frau G., Frau G.
die jüngere Tochter der Frau G., Frau G.
vertreten durch: Kanzlei „Wohlsein“
Vollstreckungsgrundlage: Jugendamtsurkunden der Kreisverwaltung vom 24.05.2011, Az. Urkd.-Reg.-Nr.: 2011

gegen
Herrn A.
vertreten durch: Kanzlei „ehr&wehr“

Sehr geehrte Damen und Herren Rechtsanwälte,

Am 04.07.2016 ist ein Betrag von 1.278,00 € zur Hebung gelangt. Die Auszahlung habe ich angeordnet.

Die Überweisung erfolgt auf das von Ihnen angegebene Konto. Bitte beachten Sie, dass der Schuldner bereits an mich mit befreiender Wirkung zahlt.

Mit freundlichen Grüßen

Gerichtsvollzieher
beim Amtsgericht

[32] 05.07.2016

33. Schreiben der Kanzlei „Wohlsein“ an Frau G.:[33]

G. ./. A.
hier: Zwangsvollstreckung

Sehr geehrte Frau G.,

in obiger Angelegenheit übersenden wir in der Anlage die Mitteilung des Gerichtsvollziehers vom 05.07.2016.

Wir bitten um Bekanntgabe Ihrer Bankverbindung für die Auskehrung des Betrages von € 1.278,00.

Weiterhin bitten wir um Mitteilung, ob die Jugendamtsurkunden zunächst hier in den Akten verbleiben sollen für den Fall, dass weitere Unterhaltsstände entstehen.

Der Gerichtsvollzieher hat versehentlich unsere Gebühr für den Vollstreckungsauftrag nicht berücksichtigt. Gemäß dem heute geführten Telefonat zieht er unsere Gebühr noch nachträglich ein.

Mit freundlichem Gruß

(Rechtsanwalt)

[33] 08.07.2016

II. Kostenfestsetzungsantrag (2016):

1. Schreiben der Frau G. an die Kanzlei „Wohlsein“: [34]

Guten Abend Herr Rechtsanwalt,

wie heute Mittag besprochen,

anbei die Kostenrechnung der Kanzlei „Schleiereule“ vom 15.02.2016 über insgesamt **1.434,43 EUR**,

überwiesen bzw. ausgeglichen in zwei Etappen:

1. Gebührenguthaben Aktenkonto, Zahlung vom 20.08.2015 von **357 EUR** (vgl. Kostenrechnung S. 2);

2. Zu zahlender Restbetrag, Überweisung am 16.02.2016 von **1.077,43 EUR** (vgl. Umsatzauskunft im Anhang).

Mit freundlichen Grüßen

(Frau G.)

[34] 26.04.2016

2. Schreiben der Kanzlei „Wohlsein“ an das Amtsgericht: [35]

Kostenfestsetzungsantrag

in Sachen A. ./. G.

beantragen wir die nachstehend berechneten Kosten gemäß § 104 ZPO festzusetzen sowie ab Antragstellung mit 5 Prozentpunkten über dem Basiszinssatz zu verzinsen. Eventuell weitere verauslagte Gerichtskosten bitten wir hinzuzusetzen. Die Antragsgegnerin ist nicht vorsteuerabzugsberechtigt. Ferner bitten wir um Erteilung einer vollstreckbaren Ausfertigung des Kostenfestsetzungsbeschlusses.

Abrechnung nach RVG gemäß § 13

Bezeichnung	**Gebühr:**
1,3 Verfahrensgebühr Nr. 3100 VV	592,80 €
1,2 Terminsgebühr Nr. 3104 VV	547,20 €
Auslagenpauschale Nr. 7002 VV	20,00 €
Terminswahrnehmungskosten:	
Fahrtkosten Nur. 7003 VV	7,20 €
Abwesenheitsgeld Nr. 7005 VV	25,00 €
Zwischensumme netto	1.192,20 €
19% Mehrwertsteuer Nr. 7008 VV	226,52 €
Zu zahlender Betrag	**1.418.72 €**

[35] 29.04.2016

Mit Schriftsatz vom 10.02.2016 haben wir uns für die Antragsgegnerin bestellt. Die Kanzlei „Schleiereule“ legte das Mandat nieder, so dass diese die Kostenfestsetzung nicht mehr veranlasst hat. Das von der Kanzlei „Schleiereule“ der Antragsgegnerin in Rechnung gestellte Honorar für dieses Verfahren hat die Antragsgegnerin komplett gezahlt. Die Kanzlei „Schleiereule“ ist darüber informiert, dass durch uns die Kostenfestsetzung beantragt wird.

Die Rechtsanwälte
durch

3. Schreiben der Kanzlei „Wohlsein“ an Frau G.: [36]

A. ./. G.

Sehr geehrte Frau G.,

in obiger Angelegenheit übersende ich beigefügt, unter Bezugnahme auf das heutige Telefonat, unseren Kostenfestsetzungsantrag an das Amtsgericht zur Kenntnisnahme.

Mit freundlichem Gruß

(Rechtsanwalt)

[36] 29.04.2016

4. Kostenfestsetzungsbeschluss des Amtsgerichts:[37]

In der Familiensache

A.

- **Antragsteller –**

gegen

beide Töchter

- **Antragsgegnerin –**

wegen Kindesunterhalt

werden die nach dem Beschluss des Amtsgerichts vom 10.02.2016

von der Antragstellerseite an die Antragsgegnerseite

zu erstattenden Kosten antragsgemäß auf

1.418,72 €

(in Worten: eintausendvierhundertachtzehn 72/100 Euro)

nebst Zinsen in Höhe von 5 Prozentpunkten über dem jeweiligen Basiszinssatz nach § 247 BGB hieraus seit 02.05.2016 festgesetzt.

[37] 31.05.2016

Der zugrunde liegende Titel ist rechtswirksam.

31.05.2016

Rechtspflegerin

Erlass des Beschlusses (§ 38 Abs. 3 Satz 3 FamFG):
Übergabe an die Geschäftsstelle
Am 01.06.2016.

Justizbeschäftigte
als Urkundsbeamtin der Geschäftsstelle

ausgefertigt:

Justizbeschäftigte
als Urkundsbeamtin der Geschäftsstelle

Vorstehende, mit der Urschrift übereinstimmende Ausfertigung wird d. Antragsgegnerseite zum Zwecke der Zwangsvollstreckung erteilt. Vorstehender Beschluss ist d. Antragstellerseite am 09.06.2016 von Amts wegen zugestellt worden.

Justizbeschäftigte
als Urkundsbeamtin der Geschäftsstelle

5. Schreiben der Kanzlei „Wohlsein“ an Frau G.: [38]

A. ./. G.

Sehr geehrte Frau G.,

in vorbezeichneter Angelegenheit erhalten Sie zur Kenntnisnahme den vom Amtsgericht am 31.05.2016 erlassenen Kostenfestsetzungsbeschluss, uns zugestellt am 15.06.2016, wonach die von der Gegenseite an Sie zu erstattenden Kosten zutreffend auf € 1.418,72 nebst Zinsen in Höhe von fünf Prozentpunkten über dem Basissatz für die Zeit seit dem 02.05.2016 festgesetzt worden sind. Aus unserer Sicht ist die Berechnung nicht zu beanstanden.

Wir warten zunächst ab, ob die Gegenseite fristgerecht bis zum **23.06.2016** Zahlung leistet.

Mit freundlichem Gruß

(Rechtsanwalt)

[38] 16.06.2016

6. <u>Schreiben der Kanzlei „Wohlsein" an Frau G.:</u> [39]

A. ./. G.

Sehr geehrte Frau G.,

in Beantwortung Ihres Schreibens vom 15.07. teilen wir mit, dass der Betrag von € 1.418,72 fristgerecht hier eingegangen ist.

Mit freundlichen Grüßen
für den kanzleiabwesenden RA

(Rechtsanwalt)

---

[39] 01.08.2016

FSC
www.fsc.org
MIX
Papier | Fördert
gute Waldnutzung
FSC® C083411

Kolibri 360 GmbH
Ferdinand-Jühlke-Straße 7
99095 Erfurt, Deutschland
produktsicherheit@kolibri360.de

Druck:
CPI Druckdienstleistungen GmbH
im Auftrag der
Kolibri 360 GmbH
Ferdinand-Jühlke-Str. 7
99095 Erfurt